财政部规划教材
全国财政职业教育教学指导委员会推荐教材
全国职业院校财经类教材

政府会计（第五版）
实训与练习

刘菊英　刘宁飞　主编

中国财经出版传媒集团
中国财政经济出版社

图书在版编目（CIP）数据

政府会计（第五版）实训与练习／刘菊英，刘宁飞主编．—5版．—北京：中国财政经济出版社，2018.7（2022.8重印）

财政部规划教材．全国财政职业教育教学指导委员会推荐教材．全国职业院校财经类教材

ISBN 978－7－5095－8339－5

Ⅰ．①政…　Ⅱ．①刘…　②刘…　Ⅲ．①预算会计－高等职业教育－教学参考资料　Ⅳ．①F810.6

中国版本图书馆CIP数据核字（2018）第136276号

责任编辑：樊　闽　　　　责任校对：胡永立

封面设计：孙俪铭

中国财政经济出版社出版

URL：http：//www.cfeph.cn

E－mail：cfeph@cfeph.cn

社址：北京市海淀区阜成路甲28号　邮政编码：100142

营销中心电话：010－88191537　北京财经书店电话：64033436　84041336

北京富生印刷厂印刷　各地新华书店经销

787×1092毫米　16开　4.75印张　106 000字

2018年7月第5版　2022年8月北京第5次印刷

定价：12.00元

ISBN 978－7－5095－8339－5

（图书出现印装问题，本社负责调换）

本社质量投诉电话：010－88190744

打击盗版举报热线：010－88191661　QQ：2242791300

编写说明

本书是财政部规划教材，全国财政职业教育教学指导委员会推荐教材，由财政部教材编审委员会组织编写并审定，作为全国职业院校财经类教材使用。

为了实现全面素质教育培养专业能力的教学目标，使学生充分理解掌握政府会计的基本知识、基本理论和基本方法，具备熟练的职业技能和适应职业变化的能力，与财政部规划教材《政府会计（第五版）》配套修订了本书。

本书作为应用类教材，通过让学生动手操作练习，消化吸收理论教学的知识点，掌握政府财政及行政事业单位各类经济业务的账务处理方法，并能进一步理解掌握新政府会计制度的基本内容。因此，本书紧扣《政府会计（第五版）》教材的内容编写，针对教材中的基础知识、重点、难点、易混淆知识点设计了单项选择题、多项选择题、判断改错题和简答题，精选了财政部门、行政单位和事业单位实际工作中的经济业务编写业务题。

本书由刘菊英和刘宁飞担任主编，参加本书编写的老师有：刘菊英（第一、五、六、七章），方毅（第二章），刘宁飞（第三、四章），邱婉玲（第八、九、十章）。

用书学校任课老师若需要本书习题答案，请以电子邮件的形式向中国财政经济出版社索取（请注明：学校、全书名、版次），E－mail：caijingjiaocai@163.com。若需要其他网络教学资源，请登录如下网址：http：//www.zgcjjy.com（或 www.中国财经教育网.com），进入下载专区下载。

由于编者水平有限，恳请各位授课教师和读者对于书中存在的错漏给予批评指正。

编　者

2018 年 5 月

目　录

第一章

政府会计概述

单项选择题

1. 政府财政部门是办理（　　）的工作部门。
   A. 预算收入　　B. 预算支出
   C. 政府预算决算　　D. 预算外收支
2. 政府会计是反映政府单位预算及财务活动及其结果的（　　）。
   A. 管理信息系统　　B. 管理部门
   C. 管理工具　　D. 微观管理活动
3. 政府财政总预算会计的会计主体是（　　）。
   A. 各级审计部门　　B. 各级征收机关
   C. 各级政府与征收机关　　D. 各级政府财政部门
4. 政府会计的对象是（　　）。
   A. 营运资金的活动
   B. 财政性资金、单位预算资金和业务资金活动过程及结果
   C. 生产经营过程和结果
   D. 预算外收支活动
5. 向主管单位领报经费，下面又有所属单位的行政事业单位为（　　）。
   A. 主管会计单位　　B. 二级会计单位
   C. 基层会计单位　　D. 报账单位
6. 在下列会计原则中，政府会计不采用的原则是（　　）。
   A. 配比原则　　B. 可比性原则
   C. 谨慎性原则　　D. 历史成本原则

7. 行政事业单位预算会计采用（　　）。

A. 收付实现制和权责发生制　　B. 收付实现制为主兼权责发生制

C. 收付实现制　　D. 权责发生制

8. 政府财务会计与预算会计的衔接主要是（　　）。

A. 记账方法同一　　B. 记账依据同一

C. 记账基础同一　　D. 记账科目同一

9. （　　）就是会计对象的构成要素，是对会计对象的基本分类。

A. 会计要素　　B. 会计科目

C. 会计账户　　D. 会计对象

10. （　　）是会计学中的一个基础性理论，它是单位开设账户、复式记账和编制会计报表的理论依据。

A. 会计等式　　B. 会计要素

C. 会计对象　　D. 会计科目

多项选择题

1. 政府会计是反映和监督社会再生产过程中（　　）资金活动过程和结果的会计体系。

A. 分配领域　　B. 社会福利领域

C. 生产领域　　D. 精神产品生产领域

2. 下列单位属于行政单位的是（　　）。

A. 国家权力机关　　B. 行政机关

C. 检查机关　　D. 科研机构

3. 下列单位属于事业单位范畴的是（　　）。

A. 气象局　　B. 林业研究所

C. 出版社　　D. 福利企业

4. 政府会计包括（　　）。

A. 企业会计　　B. 财政总预算会计

C. 行政事业单位会计　　D. 银行会计

5. 财政总预算会计具有以下特点（　　）。

A. 以政府预算管理为中心　　B. 以收付实现制为主

C. 以权责发生制为主　　D. 不进行成本核算

6. 行政事业单位会计基础采用（　　）。

A. 收付实现制　　B. 权责发生制

C. 以收付实现制为主　　D. 以权责发生制为辅

7. 政府会计的目标包括（　　）。

A. 提供与政府预算执行有关的信息

B. 提供政府财务状况、运行情况以及现金流等有关信息

C. 反映政府会计主体公共受托责任履行情况

D. 反映政府经营成果

8. 政府财务会计与预算会计的区别有（　　）。

A. 会计主体不同　　B. 会计要素不同

C. 会计基础不同　　D. 会计报表不同

9. 下列关于政府会计的会计等式，正确的有（　　）。

A. 资产 = 负债 + 净资产　　B. 收入 - 费用 = 盈余

C. 资产 = 负债 + 所有者权益　　D. 预算收入 - 预算支出 = 预算结转结余

10. 下列属于政府财务会计科目的有（　　）。

A. 事业收入　　B. 事业支出

C. 累计盈余　　D. 资金结存

判断改错题

1. 政府会计是以预算管理为中心的微观信息系统和管理手段。（　　）

2. 会计按其适用范围和核算对象，分为企业会计和政府会计两大体系。（　　）

3. 事业单位是指国家为了社会公益目的和经济效益，由国家机关举办或者其他组织利用国有资产举办的，从事教育、科技、文化、卫生等活动的社会服务组织。（　　）

4. 政府会计适用于各级政府财政部门、行政单位和各类事业单位，适用对象具有明显的营利性。（　　）

5. 事业单位分类改革，强化事业单位的公益属性，未来的事业单位就是公益属性的事业单位，不再包括行政类和经营类的事业单位。（　　）

6. 对于公益二类事业单位，根据正常业务需要，财政给予经费保障。（　　）

7. 按照“一级政府，一级预算，设置一级总预算会计”的原则，财政总预算会计分为四级。（　　）

8. 报销单位属于一级会计单位。（　　）

9. 政府会计由预算会计和财务会计构成。（　　）

10. 平行记账是政府财务会计与预算会计完全分离、独立存在核算模式的体现。（　　）

11. 单位财务会计和预算会计核算的结果从数量上来说是完全相等的。（　　）

12. 行政事业单位发生的所有经济业务都需要进行平行记账。（　　）

简答题

1. 政府会计与企业会计相比具有哪些特点？

2. 简述政府会计的组成体系。

3. 财政总预算会计具有哪些职责任务？

4. 财政总预算会计和行政事业单位会计的关系如何？

5. 何谓政府会计的双目标、双核算模式和双基础？

6. 谈谈你对平行记账的理解。

7. 政府会计科目是如何分类设置的？

第二章

单位资产的核算

单项选择题

1. （　　）是流动性最强的一种货币性资产。

A. 现金　　B. 银行存款

C. 有价证券　　D. 货币资金

2. 下列经济业务可以直接用现金支付的是（　　）。

A. 支付职工津贴 800 元　　B. 上缴税金 3 000 元

C. 支付购买材料的款项 5 000 元　　D. 预付货款 10 000 元

3. 清理报废固定资产人员的报酬，应列入（　　）。

A. “事业收入”　　B. “事业支出”

C. “待处理财产损溢”　　D. “其他收入”

4. 按月计提固定资产折旧时，按照应计提折旧金额，借记“业务活动费用”“单位管理费用”等科目，贷记（　　）科目。

A. “固定资产累计折旧”　　B. “公共基础设施累计折旧（摊销）”

C. “待处理财产损溢”　　D. “保障性住房累计折旧”

5. 某事业单位购入复印机打印一体机一台，买价为 10 000 元，运杂费 100 元，安装费 100 元，则该复印机的入账价值为（　　）元。

A. 10 000　　B. 10 100

C. 10 200　　D. 9 800

6. 某事业单位的办公大楼账面原值为 300 万元，在改扩建过程中发生支出 100 万元，建设过程中的残料变价收入为 2 万元，则改扩建后该项资产的入账价值为（　　）万元。

A. 300　　B. 400

C. 402　　D. 398

7. 单位自行开发形成的无形资产，其成本包括（　　），借记“无形资产”，贷记“研发支出——开发支出”。

A. 自该项目进入开发阶段后至达到预定用途前所发生的支出总额

B. 自该项目进入开发阶段后至达到预定用途后所发生的支出总额

C. 自该项目从研究阶段至达到预定用途前所发生的支出总额

D. 自该项目从研究阶段至达到预定用途后所发生的支出总额

8. 某事业单位购入短期债券，支付买价 2 万元，手续费 500 元，经纪人佣金 200 元，则债券投资的入账价值为（　　）元。

A. 20 000　　B. 20 500

C. 20 700　　D. 19 300

9. 长期债券投资持有期间，按期以债券票面金额与票面利率计算确认利息收入时，如为到期一次还本付息的债券投资，借记“长期债券投资——应计利息”，贷记（　　）。

A. “事业基金”　　B. “投资收益”

C. “事业收入”　　D. “经营收入”

10. （　　）是指投资最初以投资成本计量，以后根据事业单位在被投资单位所享有的所有者权益份额的变动对投资的账面余额进行调整的方法。

A. 成本法　　B. 权益法

C. 移动加权平均法　　D. 先进先出法

多项选择题

1. 单位赊销商品或提供劳务等，应按买卖成交时的实际金额入账。但具体计算应收账款的入账金额时，应考虑的折扣因素有（　　）。

A. 现金折扣　　B. 商业折扣

C. 总价　　D. 净价

2. 购入自用的材料，其入账价值应包括（　　）。

A. 买价　　B. 运输费

C. 安装费　　D. 增值税

3. 购入经营性固定资产的入账价值包括（　　）。

A. 支付的买价　　B. 差旅费

C. 增值税　　D. 安装费

4. 事业单位可用于对外投资的资产有（　　）。

A. 货币资金　　B. 无形资产

C. 固定资产　　D. 材料

5. 单位固定资产应具备的条件有（　　）。

A. 使用期限在 1 年以上的设备、设施　　B. 通用设备单位价值在 1 000 元以上

C. 专用设备单位价值在 1 500 元以上　　D. 实物形态固定不变

6. 固定资产减少的形式有（　　）。

A. 固定资产报废　　B. 固定资产出售

C. 将设备一台借给外单位　　D. 固定资产投资转出

7. 固定资产增加来源有（　　）。

A. 购买　　B. 接受捐赠

C. 盘盈增加　　D. 融资租入

8. 应通过“其他应收款”科目核算的项目有（　　）。

A. 备用金　　B. 预收货款

C. 保证金　　D. 各种赔款

9. 下列会计科目只适用于事业单位资产核算，行政单位不使用的是（　　）。

A. “应收股利”　　B. “应收票据”

C. “坏账准备”　　D. “其他应收款”

10. 下列关于单位对外投资表述正确的有（　　）。

A. 行政事业单位都可以进行对外投资

B. 只有事业单位能够进行对外投资

C. 单位对外投资按持有期限分为短期投资和长期投资

D. 单位对外投资实现的收益或发生的损失记入“投资收益”科目

判断改错题

1. 事业单位银行存款日记账的余额与银行对账单的余额不符，说明事业单位银行存款日记账的记录有错误。（　　）

2. 商业汇票按承兑人不同，分为商业承兑汇票和银行承兑汇票。按是否计息划分，可分为带息票据和不带息票据。（　　）

3. 其他货币资金是指单位除库存现金和银行存款以外的其他货币资金，包括单位的外埠存款、银行本票存款、银行汇票存款、信用卡存款等各种其他货币资金。（　　）

4. 事业单位应当于每年年末，对收回后不需上缴财政的应收账款和其他应收款进行全面检查，分析其可收回性，对预计可能产生的坏账损失计提坏账准备、确认坏账损失。（　　）

5. 长期股权投资在持有期间，通常应当采用成本法进行核算。事业单位无权决定被投资单位的财务和经营政策或无权参与被投资单位的财务和经营政策决策的，应当采用权益法进行核算。（　　）

6. 报经批准出售、转让的固定资产，按照被出售、转让固定资产的账面价值，应借记“资产处置费用”。（　　）

7. 无形资产摊销时，应一次性计入事业支出。（　　）

8. 已经达到预定可使用状态但尚未办理竣工决算手续的在建工程，应当按照估计值计入固定资产，待确定实际成本后再进行调整。（　　）

9. 融资租入的固定资产不计提折旧。（　　）

10. 事业单位应当于无形资产取得下月起，按月计提无形资产摊销。 (　　)

11. 单位收到的受托代理资产为现金和银行存款的，通过“受托代理资产”科目进行核算。 (　　)

12. 以经营租赁方式租入的固定资产发生的改良支出通过“长期待摊费用”科目核算。 (　　)

简答题

1. 现金的管理原则是什么？

2. 试述存货入账价格的确认方法。

3. 什么是固定资产？行政事业单位固定资产的标准是什么？行政事业单位固定资产是如何分类的？

4. 简述无形资产的摊销年限的确认方法。

业务题 根据以下某事业单位发生的经济业务，编制会计分录。

1．开出现金支票，从银行提取现金 7 000 元备用。

2．以现金预支王某出差旅费 900 元。

3．王某出差调研回来，报销差旅费 870 元，退回现金 30 元。

4．事业单位行政部门用现金购买办公用品 500 元。

5．以银行存款购入事业活动用一般设备 1 台，价款 2 万元，增值税为 2 600 元。

6．开展经营活动赊销产品一批给乙企业，产品售价 2 万元，增值税销项税额为 2 600 元。

7. 收到向乙企业赊销产品的款项 2.32 万元。

8. 开展经营活动向丙企业销售产品一批，货款共计 4 万元，增值税 5 200 元，收到 3 个月期的带息商业汇票一张，面值 45 200 元，票面年利率 6%。

9. 上述商业汇票到期，收到票据本息。

10. 购入事业活动用 D 材料一批，价款 3 万元，增值税 3 900 元，材料已验收入库，款项以银行存款支付。

11. 向某公司购进 B 材料一批，价款 2 万元，增值税 2 600 元，运杂费 500 元，以上款项均尚未支付，材料已验收入库。

12. 本月事业活动发出 A 材料共计 2.5 万元，B 材料共计 1 万元。

13. 本月经营活动发出B材料共计4 000元。

14. 月末盘亏事业活动用A材料2千克，每千克8元，经查，属于正常损耗，经批准予以核销。

15. 甲产品生产完工并验收入库，生产成本为6 000元。

16. 销售乙产品100件，每件销售80元，单位成本60元，增值税销项税额共计1 040元，款项已存入银行。

17. 用银行存款购入政府发行的一年期债券5 000张，每张面值100元。

18. 由于需要资金，将上述购入的5 000张债券出售2 000张，收到价款20.2万元，存入银行。

19. 以某项固定资产对外进行一项长期股权投资，该项固定资产的评估价值为 8.5 万元，固定资产原值为 9 万元，已提折旧 5 000 元。

20. 以事业经费购买专用设备 1 台，买价 6.8 万元，一般设备 1 台，买价 2.1 万元，增值税率为 13%，两项设备共同发生运杂费 640 元，各负担 50%。款项均通过财政直接支付，设备投入使用。

21. 以存款购买经营用专用设备 1 台，含税价值为 7 400 元，设备投入使用。

22. 11 月购入设备一台，价值 5 万元，预计使用 5 年，做出 12 月计提折旧的处理。

23. 经批准出售不需用一般设备 1 台，账面价值 7 万元，已提折旧 2 万元，作价 5.1 万元，款项存入银行。

24. 以融资租赁方式，租入专用设备1套，合同规定租金总额为40万元，租期5年，每年年末支付租金。该设备发生运输费、安装费共计1.2万元，以存款支付。

25. 接受某外商捐赠的电脑2台，估价为1.64万元，发生运杂费等相关支出600元，以现金支付。设备投入使用。

26. 年终清查固定资产时，发生有关经济业务：

（1）经批准报废专用设备1台，账面价值3万元，清理中发生清理费用124元，残值变价收入750元，款项均以存款结算。

（2）盘盈其他固定资产一项，估价2 100元。盘亏专用设备一台，账面价值3 500元。报经批准后，分别补列和注销固定资产。

27. 自创专利权一项，发生研究费用64 800元，已成功申请专利后发生开发费用7 000元，后续开发支出均以存款支付，专利权入账。

28. 以存款购买商标权一项，价款 124 000 元；有效期限为 10 年，每年推销一次，第六年对外转让，评估价为 70 000 元，款项存入银行（该单位实行内部成本核算）。

29. 对一栋仓库用房进行维修改造，该工程已列入项目预算并审批。该房屋原价 100 万元，已提折旧 40 万元。使用财政补助收入并通过单位零余额账户预付给施工单位工程价款共计 20 万元。

30. 采购一批应急储备物资，价税款合计 5 万元，发生运费 600 元，物资已验收入库，通过财政直接支付。

第三章

单位负债的核算

单项选择题

1. 事业单位从事专业业务活动借款所支付的利息应记入（　　）总账账户。

A. “利息支出”　　B. “经营费用”

C. “事业支出”　　D. “其他费用”

2. 事业单位计算应上交的城市维护建设时，贷方记入（　　）账户。

A. “应交增值税”　　B. “应交城市维护建设税”

C. “其他应交税费”　　D. “应交税金”

3. 单位购入材料已验收入库，但货款尚未支付，应根据有关凭证，借记“库存物品”，贷记（　　）。

A. “应付票据”　　B. “应付账款”

C. “预收账款”　　D. “其他应收款”

4. 事业单位开出不带息的商业汇票一张，支付前欠某公司货款 1 万元，正确的分录为（　　）。

A. 借：应付账款　　10 000
　　贷：应付票据　　10 000

B. 借：暂付款　　10 000
　　贷：应付票据　　10 000

C. 借：其他应收款　　10 000
　　贷：应付票据　　10 000

D. 借：应付票据　　10 000
　　贷：其他应付款　　10 000

5. 下列只适用于行政单位核算的负债科目是（　　）。

A. 应付票据　　B. 长期借款

C. 长期应付款　　D. 应付政府补贴款

6. 事业单位发生应付租期超过一年的租入固定资产的租金，应贷记（　　）账户。

A. "应收账款"　　B. "长期应付款"

C. "预收账款"　　D. "应付账款"

7. 单位收到无主变价款，应记入（　　）账户。

A. "其他收入"　　B. "应缴预算款"

C. "应缴财政款"　　D. "其他应付款"

8. 事业单位按规定计算出应交所得税额时，财务会计处理为（　　）。

A. 借：所得税费用

　　贷：其他应交税费——单位应交所得税

B. 借：应交税费

　　贷：银行存款

C. 借：非财政补助结余分配

　　贷：应交税费——应交所得税

D. 借：所得税费用

　　贷：应交税金

9. 单位发工资，代扣职工个人所得税时，会计处理为（　　）。

A. 借：行政支出

　　贷：应交税费——应交个人所得税

B. 借：结余分配

　　贷：应交税金——应交个人所得税

C. 借：事业支出

　　贷：应交税费——应交个人所得税

D. 借：应付职工薪酬——基本工资

　　贷：其他应交税费——应交个人所得税

10. 行政单位向职工支付工资、津贴补贴时，预算会计的账务处理是（　　）。

A. 借：行政支出

　　贷：财政拨款预算收入

B. 借：应付职工薪酬

　　贷：财政拨款收入

C. 借：事业支出

　　贷：财政拨款预算收入

D. 借：经营支出

　　贷：财政拨款预算收入

多项选择题

1. 事业单位借入款项核算科目有（　　）。

A. "短期借款"　　B. "银行借款"

C. "银行贷款"　　D. "长期借款"

2. “其他应付款”账户核算的内容有（　　）。

A. 收取的押金

B. 存入保证金

C. 已经报销但尚未偿还银行的本单位公务卡欠款

D. 单位缴纳的税金

3. 应缴财政款的内容主要包括（　　）。

A. 罚没收入

B. 行政性收费收入

C. 无主财物变价收入

D. 其他按照预算管理规定应上缴预算的款项

4. 下列属于单位负债的科目有（　　）。

A. 应付职工薪酬　　B. 应缴财政款

C. 其他应交税费　　D. 其他应付款

5. 单位实际交纳各种税费时，贷方可能记账的科目是（　　）。

A. 应交税金　　B. 财政拨款收入

C. 零余额账户用款额度　　D. 银行存款

6. 下列只适用于事业单位核算的负债科目有（　　）。

A. 应付票据　　B. 长期借款

C. 长期应付款　　D. 预收账款

7. 其他应交税费核算的税种有（　　）。

A. 城市维护建设税　　B. 房产税

C. 城镇土地使用税　　D. 所得税

8. 行政单位通过银行存款支付政府补贴款 3 万元，完整的会计处理（　　）。

A. 借：应付政府补贴款　　30 000

　　贷：银行存款　　30 000

B. 借：行政支出　　30 000

　　贷：资金结存——货币资金　　30 000

C. 借：业务活动费　　30 000

　　贷：银行存款　　30 000

D. 借：事业支出　　30 000

　　贷：资金结存——货币资金　　30 000

9. 行政事业单位应缴款项的内容包括（　　）。

A. 应缴国库款　　B. 应缴财政专户款

C. 应缴上级费用　　D. 应缴税费

10. 下列属于行政事业单位同有的负债类科目是（　　）。

A. “短期借款”　　B. “应付政府补贴款”

C. “应付账款”　　D. “其他应交税费”

判断改错题

1. 借入款项是指事业单位经批准向财政部门借入的有偿使用的各种借款。（ ）

2. 应付票据是根据事业单位购买商品物资开出的银行汇票。（ ）

3. 在事业单位会计核算中，应付账款的主要会计问题是入账时间和入账金额的确定。（ ）

4. “其他应交税费”科目的借方余额为未交的税金，贷方余额表示多交的税金。（ ）

5. 事业单位如果不能如期支付到期银行承兑汇票，应将“应付票据”账面余额转入“短期借款”账户。（ ）

6. 在货物先到，月末发票账单未到的情况下，一般需等到发票账单收到时才能入账。（ ）

7. 应缴财政款是指单位取得或应收的按照规定应当上缴财政的款项，包括应缴国库的款项和各项附加收入。（ ）

8. 小规模纳税人购入材料无论是否具有增值税专用发票，其支付的增值税均不能计入进项税额。（ ）

9. 事业单位在实际支付利息时，预算会计的账务处理是借记“应付利息”账户，贷记“银行存款”账户。（ ）

10. “应缴财政款”账户年终清缴后，该账户一般应无余额。（ ）

简答题

1. 如何运用“短期借款”账户进行核算？

2. “其他应付款”账户与“应付票据”“应付账款”“预收账款”等账户核算内容的区别是什么？

3. 应缴财政款包括哪些内容?

4. 其他应交税费的核算具体包括哪些税种?

业务题 根据以下经济业务，编制会计分录。

1. 某事业单位开展事业活动向银行临时借款 10 万元，时间为 6 个月，月利率为 0.6%，到期一次还本付息。现取得银行的借款。

2. 上述借款到期，归还其本金和借款利息。

3. 某事业单位开展经营活动向银行借款 12 万元，年利率为 6%，期限为 3 年，到期还本，每年支付一次利息。现取得银行的借款。

4. 上项借款3年期满，归还全部本金和最后一期利息。

5. 某事业单位开展专业活动购入材料一批，根据发票账单，购入材料的价款为1.5万元，增值税款为1 950元，材料已验收入库。单位开出3个月到期的商业承兑汇票。

6. 继第5题业务，商业承兑汇票到期，收到银行支付的付款通知。

7. 某事业单位开展专业活动中预收某单位款项5 000元，存入银行。

8. 某事业单位按合同规定向某单位提供劳务，应计收费4 500元，以银行存款退还多收款项500元。

9. 某事业单位按合同收到某单位交来的包装物押金1 000元，存入银行。

10. 某事业单位计算为开展经营活动应缴纳的城市维护建设税 448 元。

11. 某事业单位结算确定开展经营活动应缴纳的所得税 7.5 万元。

12. 某事业单位为开展经营活动购入材料一批，买价 8 万元，增值税 10 400 万元，款项以银行存款支付。

13. 某事业单位开展经营活动销售产品一批，价款 12 万元，增值税 15 600 万元，款收到存入银行。

14. 以银行存款上缴上述应缴增值税 5 200 元。

15. 以银行存款上缴上述应缴城市维护建设税和所得税。

16. 某行政单位按规定收取行政性收费收入 1 万元，存入银行。

17. 以银行存款上缴上述行政性收费收入。

18. 某行政单位收到应缴财政专户的资金 9 万元存入银行。

19. 某行政单位按规定确认应付政府补贴款发放给职工 1.5 万元。

20. 承上例，通过银行存款支付政府补贴款 1.5 万元。

21. 某事业单位按规定从科研项目收入中提取管理费 6 万元。

22. 某行政单位接受某单位委托代管款项，共计 15 万元，存入银行。

第四章

单位财务收入和预算收入的核算

单项选择题

1. 财政拨款收入是指行政事业单位从（　　）取得的各类财政拨款。

A. 同级政府财政部门　　B. 主管部门

C. 下级单位　　D. 其他单位

2. 以下各项中不属于收入的是（　　）。

A. 财政拨款收入　　B. 附属单位上缴收入

C. 应缴财政款　　D. 投资收益

3. “财政拨款收入”账户期末余额应当转入（　　）账户。

A. “财政补助结转”　　B. “非财政补助结转”

C. “事业结余”　　D. “本期盈余”

4. 事业单位核算从主管部门或上级单位取得的非财政拨款应设置的账户是（　　）。

A. “财政补助收入”　　B. “上级补助收入”

C. “附属单位上缴收入”　　D. “财政拨款收入”

5. 核算事业单位在专业活动及辅助活动过程之外开展非独立核算的经营活动取得的收入设置的账户是（　　）。

A. “事业收入”　　B. “经营收入”

C. “财政拨款收入”　　D. “上级补助收入”

6. “事业预算收入”账户余额年终应当转入（　　）账户。

A. “非财政补助结转”　　B. “事业结余”

C. 非财政拨款结转　　D. “本期盈余”

7. 下列各项中属于某学校经营收入的项目是（　　）。

A. 收取的学费

B. 收取的培训费

C. 学校非独立核算车队的收入

D. 学校所属独立核算商店上交的承包款

8. “经营预算收入”账户余额年终应当转入（　　）账户。

A. “非财政拨款结转”

B. “经营结余”

C. “其他结余”

D. “非财政拨款结余”

9. 下列各项属于行政事业单位同有的收入科目是（　　）。

A. “财政拨款收入”

B. “上级补助收入”

C. “经营收入”

D. “投资收益”

10. 年终结账时，将“投资预算收入”账户余额转入（　　）账户。

A. “其他结余”

B. “经营结余”

C. “非财政补助结转”

D. “事业结余”

多项选择题

1. 下列各项中属于拨款收入的是（　　）。

A. 财政拨款收入

B. 财政拨款预算收入

C. 非同级财政拨款收入

D. 非同级财政拨款预算收入

2. 国库集中支付的方式包括（　　）。

A. 实拨资金

B. 财政直接支付

C. 财政授权支付

D. 限额拨款

3. 财政直接支付方式的适用范围包括（　　）。

A. 工资支出

B. 政府采购支出

C. 零星支出

D. 其他按规定纳入财政直接支付的支出

4. 以下各项属于事业收入的是（　　）。

A. 艺术表演团体的演出收入

B. 广播电视台的广告收入

C. 医院的救护车收入

D. 出租铺面收入

5. 事业单位的基本业务收入包括（　　）。

A. 事业收入

B. 事业预算收入

C. 经营收入

D. 经营预算收入

6. 以下各项属于其他收入的是（　　）。

A. 现金盘盈收入

B. 按规定纳入单位预算管理的科技成果转化收入

C. 行政单位收回已核销的其他应收款

D. 无法偿付的应付及预收款项

7. “财政拨款收入”账户按照（　　）进行明细核算。

A. 公共财政预算拨款

B. 政府性基金预算拨款

C. 行政事业单位

D. 个人

8. 以下各项属于收入科目的是（　　）。

A. “投资收益”

B. “捐赠收入”

C. “利息收入”

D. “租金收入”

9. 事业单位收到主管部门拨来的专项补助款，完整的会计处理是（　　）。

财务会计记：

A. 借：银行存款
　　贷：上级补助收入

B. 借：资金结存——货币资金
　　贷：上级补助预算收入

C. 借：银行存款
　　贷：附属单位上缴收入

D. 借：资金结存——货币资金
　　贷：附属单位上缴预算收入

10. 事业单位附属单位缴款包括（　　）。

A. 上级补助收入

B. 捐赠收入

C. 附属事业单位上缴的收入

D. 附属的企业上缴的利润

判断改错题

1. 经营收入是指事业单位在专业及辅助活动之外开展独立核算经营活动取得的收入。（　　）

2. 经营收入采用收付实现制核算。（　　）

3. 各单位应根据批复的单位预算，编制季度分月用款计划，由主管部门报财政部门核定，作为领拨经费的依据。（　　）

4. 租金收入是指行政事业单位经批准利用国有资产出租取得并按照规定纳入本单位预算管理的租金收入。（　　）

5. 实行财政授权支付的财政性资金，包括政府采购、未纳入财政直接支付范围的购买支出、零星支出、特别紧急支出和经财政部门批准的其他支出。（　　）

6. 财政直接支付签发支付令的主体是财政部门。（　　）

7. 事业单位应围绕单位职能定位和事业发展目标计划组织收入，不能以营利为目的。（　　）

8. 事业单位“事业收入”账户贷方余额期末转入“事业结余”账户。（　　）

9. “经营收入”和“附属单位上缴收入”都是事业单位附属的经营单位组织的收入，区别在于“经营收入”是非独立核算的经营单位取得的毛收入，“附属单位上缴收入”是独立核算的经营单位上缴的纯收入。（　　）

10. 事业单位“投资预算收益”账户贷方余额年终转入“本期盈余”账户。（　　）

简答题

1. 单位的收入主要包括哪些内容？

2. 如何对单位的收入进行管理？

3. 什么是财政直接支付和财政授权支付？两者有何异同？

4. 事业单位的各类收入如何区分？

业务题

根据以下经济业务，编制会计分录。

1. 某行政单位通过政府采购轿车一辆，买价 20 万元，增值税 2.6 万元，车辆购置附加税 2 万元，共计 24.6 万元，由财政直接支付。

2．某行政接到代理银行转来的财政授权支付到账通知书，收到本月财政授权支付额度45万元。

3．某事业单位收到财政部门从财政专户核拨的用于专项业务活动的资金5万元。

4．某事业单位收到主管部门拨入补助款6万元。

5．某事业单位收到附属的科技培训中心上交承包费10万元。

6．收到上级单位拨来的A项课题专款80万元。

7．开展专业业务活动取得收入6 500元，存入银行。

8. 开展经营活动销售货物取得收入，增值税专用发票注明：价款 8 万元，增值税税金 10 400 万元，款项已存入银行。

9. 某行政单位出租设备一台，取得租金收入 6 000 元，存入银行。

10. 年末，某事业单位“事业预算收入”贷方累计金额 35 万元，进行转账。

11. 某行政单位购买办公用品一批，价款共计 7 000 元，由财政直接支付。

12. 某行政单位收到同级单位专项资金 15 万元，存入银行。

13. 某事业单位转让五年期国库券，其面值为 11 万元，取得转让价款 16 万元。

14. 年末，某事业单位的“投资预算收益”贷方累计金额为 27.6 万元，进行结转。

15. 某行政单位收到二季度银行存款利息 3 450 元。

16. 某事业单位接受个人捐赠款 120 万元。

17. 某事业单位无法偿付的应付账款有 3. 44 万元。

18. 期末，某行政单位的“财政拨款收入”贷方余额 350 万元，进行转账。

19. 期末，某事业单位的“经营收入”贷方余额为 160 万元，进行转账。

20. 年末，事业单位的“经营预算收入”贷方累计金额 160 万元，进行结转。

第五章

单位费用和支出的核算

单项选择题

1. 下列各科目，行政单位财务会计不使用的是（　　）。

A. 业务活动费用　　B. 单位管理费用

C. 资产处置费用　　D. 其他费用

2. 下列属于行政事业单位同用的科目是（　　）。

A. “经营支出”　　B. “投资支出”

C. “上缴上级支出”　　D. “其他支出”

3. 与“单位管理费用”平行记账的账户是（　　）。

A. “行政支出”　　B. “事业支出”

C. “经营支出”　　D. “其他支出”

4. 行政事业单位为维持正常运转和完成日常工作任务而发生的各项支出称为（　　）。

A. 基本支出　　B. 项目支出

C. 专项支出　　D. 拨出经费

5. 学校支付临时外聘教师的课酬，应记入“事业支出——基本支出”下的（　　）明细账户。

A. “基本工资”　　B. “津贴补贴”

C. “其他工资福利支出”　　D. “劳务费”

6. 事业单位使用由上级单位和其他单位拨入的指定项目或用途并需要单独报账的专项资金发生的支出，单位预算会计应通过（　　）账户核算。

A. “事业支出——财政拨款支出——项目支出”

B. “事业支出——非财政专项资金支出——项目支出”

C. “事业支出——其他资金支出”

D. “经营支出”

7. 在专业业务活动及其辅助活动之外开展非独立核算经营活动中发生的城市维护建设税、教育费附加，在计税时事业单位财务会计应当借记（　　）账户。

A. “业务活动费用”
B. “单位管理费用”
C. “经营费用”
D. “其他应交税费”

8. 单位的资产处置损失应计入（　　）。

A. “单位管理费用”
B. “业务活动费用”
C. “资产处置费用”
D. “其他费用”

9. 年终，事业单位预算会计应将“经营支出”账户借方余额全数转入（　　）账户。

A. “本期盈余”
B. “其他结余”
C. “经营结余”
D. “非财政拨款结余分配”

10. 事业单位对附属单位补助的资金来源是（　　）。

A. 财政补助收入

B. 拨入专款

C. 单位组织的或集中附属单位上缴的收入

D. 以上答案都不对

多项选择题

1. 下列属于事业单位财务会计使用的科目有（　　）。

A. “单位管理费用”
B. “经营费用”
C. “上缴上级支出”
D. “所得税费用”

2. 行政事业单位财务会计核算时，能够与“业务活动费用”平行记账的账户有（　　）。

A. “行政支出”
B. “事业支出”
C. “经营支出”
D. “其他支出”

3. 下列属于行政事业单位基本支出的是（　　）。

A. 工资福利支出
B. 商品和服务支出
C. 对个人和家庭的补助支出
D. 基本建设支出

4. 以下各项属于行政事业单位商品和服务支出的是（　　）。

A. 办公费
B. 邮电费
C. 社会保障缴费
D. 培训费

5. 项目支出包括（　　）。

A. 专项业务项目
B. 大型修缮
C. 大型购置
D. 大型会议

6. 行政单位在履行其职责中发生的现金流出，需通过“行政支出”账户核算的有（　　）。

A. 工资支出

B. 助学金

C. 投资支出

D. 设备购置费

7. 行政事业单位费用（支出）的管理要求有（　　）。

A. 严格按照预算确定的用途和数额支用

B. 保证单位基本支出的需要，严格项目支出管理

C. 注意勤俭节约，降低行政（业务）成本

D. 对资金支出的薄弱环节实施重点管理

8. “事业支出”账户下设的明细账户可以是（　　）。

A. 财政拨款支出——基本支出

B. 其他资金支出——基本支出

C. 财政拨款支出——项目支出

D. 非财政专项资金支出——××项目

9. 下列各项属于事业单位本单位支出的是（　　）。

A. 事业支出

B. 经营支出

C. 对附属单位补助支出

D. 上缴上级支出

10. 下列属于其他费用的有（　　）。

A. 利息费用

B. 坏账损失

C. 罚没支出

D. 捐赠支出

判断改错题

1. 事业单位支出管理的重点是经营支出。（　　）

2. 事业支出是事业单位开展专业业务活动及其辅助活动发生的支出。（　　）

3. 事业支出与事业收入不是配比的关系，事业收入只是安排事业支出的一个来源。（　　）

4. “经营支出”是事业单位财务会计使用的科目，“经营费用”是事业单位预算会计使用的科目。（　　）

5. 行政支出是行政单位特有的会计科目。（　　）

6. 业务活动费用产生于单位履职或业务活动、辅助活动中，而单位管理费用发生在行政后勤管理活动中。（　　）

7. 经营支出是事业单位在专业业务活动及辅助活动之外开展独立核算经营活动发生的支出。（　　）

8. 行政事业单位都需要计算缴纳企业所得税。（　　）

9. 对附属单位补助的资金性质是财政预算资金。（　　）

10. “对附属单位补助支出”与“上级补助预算收入”“附属单位上缴预算收入”与“上缴上级支出”是两对有联系的账户，在发生补助和上缴款业务时，分别由上下级单位使用。（　　）

简答题

1. 行政单位的费用和支出包括哪些内容？

2. 事业单位的费用和支出包括哪些内容？

3. 行政事业单位费用与单位支出平行记账的对应账户有哪些？

4. 什么是行政（事业）支出，分为哪些类别？

业务题

根据以下经济业务，编制会计分录。

1. 某行政单位接到银行付款通知，支付电话费 3 400 元，单位给银行下达支付指令，从单位零余额账户付讫。

2. 某行政单位职工夏虹出差归来报销差旅费540元，以现金支付。

3. 某行政单位职工杨艳报销科技培训费800元，以现金付讫。

4. 某行政单位开出授权支付凭证，支付专业设备维修费7 500元。

5. 某行政单位通过政府采购电脑10台，共计支付价款8万元，由财政直接支付，电脑已运到并验收交付使用。

6. 某行政单位通过财政直接支付发放本月工资，工资汇总表资料如下：应发基本工资25.3万元，各种津贴补贴8.5万元，扣职工医疗保险费0.56万元，养老保险2.74万元，失业保险0.21万元，住房公积金3.87万元，个人所得税2.95万元。

7. 某行政单位捐赠给某希望小学 10 万元。

8. 某行政单位盘点现金时发现短款 230 元，无法查明原因，报经批准核销。

9. 某事业单位开出授权支付凭证，支付行政部门印刷费 1 035 元。

10. 某事业单位为从事专业活动向仓库领用材料 1 000 元。

11. 某事业单位购入生产用机器一台，增值税专用发票上注明价款 9.5 万元，税金 12 350万元，用银行存款支付。

12. 某事业单位对附属幼儿园拨付补助款 4 万元。

13．某事业单位为开展有偿服务，租用外单位场地，支付租金 3 000 元。

14．某事业单位召开项目论证会，根据批准的项目预算发生开支 5 万元，通过单位零余额账户付讫。

15．某事业单位（一般纳税人）某月对外提供有偿服务，取得收入 10 万元（不含税），增值税税率 6%，城市维护建设税税率 7%，教育费附加率 3%，地方教育费附加率 2%，当月认证通过的进项税额为 2 000 元。

16．某事业单位通过零余额账户支付本月电费 18 560 元，其中，业务部门用电 7 900 元，管理部门用电 4 360 元，经营部门用电 6 300 元。

17．某事业单位为从事经营活动向仓库领用材料 2.2 万元。

18. 某事业单位使用省科委拨入专款购置工程用专用设备，支付设备买价 8 万元，增值税 10 400 万元，运输费 1 100 元，安装费 2 000 元，取得增值税专用发票和货物运输增值税专用发票，设备验收后投入使用。

19. 某事业单位工程完工，省科委拨来的专款结余 8 万元，按规定留给单位使用。

20. 某事业单位将本单位组织的收入按规定的比例计算上交给上级单位，计 7 万元。

21. 某事业单位计提并支付因修缮房屋向银行借款的本期利息 6.5 万元。

22. 某事业单位计提折旧，业务部门的折旧费用为 12.34 万元，管理部门的折旧费用为 7.8 万元。

23. 某事业单位经批准将一辆轿车转让，原价 30 万元，累计折旧 6.5 万元，取得转让收入 25 万元，已存入银行。

24. 年终，“经营费用”和“经营支出”账户余额分别为33万元和35万元，分别进行结转。

25. 根据单位年终“事业支出”以下各账户余额分别进行结转。

“事业支出——财政拨款支出——基本支出”	5 864 000
“事业支出——财政拨款支出——项目支出”	1 897 000
“事业支出——非财政专项资金支出”	1 269 000
“事业支出——其他资金支出——基本支出”	2 730 000

第六章

单位净资产和预算结余的核算

单项选择题

1. 净资产是指行政事业单位的资产扣除（　　）后的净额。

A. 支出　　B. 负债

C. 收入—支出净额　　D. 折旧

2. “以前年度盈余调整” 属于（　　）科目。

A. 资产类　　B. 负债类

C. 净资产类　　D. 预算结余类

3. 无偿调拨净资产是指行政事业单位无偿调入或调出（　　）所引起的净资产变动。

A. 现金资产　　B. 非现金资产

C. 存货　　D. 设备

4. “本期盈余” 账户，借方记各类（　　）转入数。

A. 收入　　B. 支出

C. 费用　　D. 负债

5. 年末结转后，应将“本期盈余”账户余额转入（　　）账户。

A. 累计盈余　　B. 专用基金

C. 非财政拨款结余分配　　D. 本年盈余分配

6. 财政拨款结余是行政事业单位取得的同级财政拨款（　　）的结余资金。

A. 全部支出　　B. 全部收入

C. 基本支出　　D. 项目支出

7. 期末，转入“财政拨款结余”账户的是（　　）。

A. 财政拨款基本支出结余　　B. 财政拨款项目支出结余

C. 非财政补助专项资金结余　　D. 其他资金结余

8. 期末，应将“事业支出——财政拨款支出——基本支出”借方余额转入（　　）。

A. 财政拨款结转　　B. 财政拨款结余

C. 非财政拨款结转　　D. 其他结余

9. 年终结算时，不转入“其他结余”账户的是（　　）。

A. 对附属单位补助支出　　B. 事业支出——非财政专项资金支出

C. 上缴上级支出　　D. 其他支出——其他资金支出

10. 关于“资金结存”下设明细账户错误的是（　　）。

A. 资金结存——其他资金　　B. 资金结存——货币资金

C. 资金结存——零余额账户用款额度　　D. 资金结存——财政应返还额度

多项选择题

1. 科技成果转化基金是按（　　）的一定比例提取。

A. 事业收入　　B. 事业支出

C. 经营收入　　D. 经营结余

2. 职工福利基金是从（　　）中提取转入的。

A. 财政拨款结余　　B. 非财政拨款结余

C. 经营结余　　D. 其他结余

3. 无偿调拨的非现金资产包括（　　）。

A. 存货　　B. 长期股权投资

C. 公共基础设施　　D. 政府储备物资

4. 资金结存是指行政事业单位核算纳入部门预算管理资金的（　　）等情况。

A. 流入　　B. 流出

C. 调整　　D. 滚存

5. 下列项目中，属于行政单位净资产的有（　　）。

A. 本期盈余　　B. 专用基金

C. 权益法调整　　D. 无偿调拨净资产

6. 事业单位的结余包括（　　）。

A. 非财政拨款结余　　B. 经营结余

C. 财政拨款结余　　D. 基金预算结余

7. 期末，将事业单位（　　）账户余额转入“非财政拨款结转”账户的贷方。

A. “事业预算收入——专项资金收入”

B. “事业预算收入——非专项资金收入”

C. “经营预算收入”

D. “上级补助预算收入——专项资金收入”

8. 期末，将行政单位（　　）账户余额转入“财政拨款结转”账户。

A. “财政拨款预算收入——基本支出”

B. “财政拨款预算收入——项目支出”

C. “行政支出——财政拨款支出——基本支出”

D. “行政支出——非财政拨款专项资金支出”

9. 期末，转入行政单位“非财政拨款结转”账户的有（　　）。

A. “上级补助收入——专项资金收入”

B. “财政拨款预算收入”

C. “行政支出——非财政专项资金支出”

D. “非同级财政拨款预算收入”

10. 期末，将事业单位（　　）账户余额转入“非财政拨款结余分配”账户。

A. “财政拨款结余”　　B. “其他结余”

C. “经营结余”　　D. “非财政拨款结转”

判断改错题

1. 专用基金是行政事业单位按照规定提取或设置的具有专门用途的净资产。（　　）

2. 以前年度盈余调整是指行政事业单位上年度发生的调整以前年度盈余的事项。（　　）

3. 从其他单位无偿调入设备，应记入“无偿调拨净资产”账户的借方。（　　）

4. 本期盈余是指行政事业单位本期各项收入、支出相抵后的余额。（　　）

5. 累计盈余是指行政事业单位当年实现的盈余扣除盈余分配后的金额。（　　）

6. 事业单位按年终形成的其他结余和经营结余的一定比例计算缴纳所得税。（　　）

7. 行政单位的结余和事业单位的财政拨款结余不能进行分配。（　　）

8. 非财政拨款结转是指事业单位期末将除财政拨款收支以外的各项收入与支出进行结转。（　　）

9. 年末，行政单位将“其他结余”账户余额全数转入“非财政拨款结余”账户。（　　）

10. 年末，事业单位应将经营结余或亏损全数转入“非财政补助结余分配”账户。（　　）

简答题

1. 什么是净资产？行政单位和事业单位的净资产分别包括哪些内容？

2. 简述专用基金的管理原则。

3. 行政单位和事业单位的结余包括哪些？如何对事业单位的年终结余进行分配？

业务题 根据以下经济业务，编制会计分录。

1. 年终，按规定比例从当年结余中计提职工福利基金 5 万元。

2. 某事业单位该年取得事业收入 90 万元，按 5% 的提取率计提科技成果转化基金。

3. 某事业单位使用从收入中提取的科技成果转化基金支付科研人员报销的调研费用 2 000 元，以现金付讫。

4. 某事业单位用职工福利基金购买职工活动中心体育用品和棋牌等用品，用支票支付4 300元。

5. 某事业单位从其他单位无偿调入一批账面价值为 3 万元的被服物资，发生运输费用 700 元，以现金支付。

6. 年末，某行政单位财政拨款结余资金 5 万元，按规定上缴并在下年返还给单位使用。

7. 某行政单位××年 12 月 31 日，向下级单位调出财政拨款结转资金额度 6 万元。

8. 年终，某行政单位“财政拨款收入”账户贷方余额 230 万元，“业务活动费用”账户借方余额 215 万元，进行结转。

9. 年终，某事业单位“经营预算收入”账户贷方余额 100 万元，“经营支出”账户借方余额 80 万元，进行结转。

10. 年终，某事业单位本年“事业预算收入”发生额 167 万元，“上级补助预算收入”发生额 45 万元，“其他预算收入”发生额 82 万元；“事业支出”发生额 177 万元，“其他支出”发生额 90 万元，进项结转（上述各项收支均属于非专项资金收支）。

11. 某事业单位××年财务会计有关收入和费用类账户 12 月份发生额如表 6－1 所示。

表 6－1

账　户	借方发生额	账　户	贷方发生额
业务活动费用	3 100 000	财政拨款收入——基本支出	2 500 000
单位管理费用	1 200 000	——项目支出	800 000
资产处置费用	60 000	事业收入	900 000
上缴上级费用	90 000	其中：专项资金收入	50 000
对附属单位补助费用	20 000	非同级财政拨款收入（A 项目）	200 000
所得税费用	35 000	上级补助收入	100 000
其他费用	24 000	附属单位上缴收入	40 000
经营费用	810 000	利息收入	10 000
		其他收入	48 000
		经营收入	950 000
合 计	5 339 000	合 计	5 548 000

要求：根据上述账户资料进行期末结转。

12. 某事业单位××年末有关预算收支账户本年发生额如表 6－2 所示。

表 6－2

账　　户	借方发生额	账　户	贷方发生额
事业支出——基本支出	2 870 000	财政拨款预算收入——基本支出	2 500 000
其中：财政拨款支出	2 420 000	——项目支出	800 000
其他资金支出	450 000	事业预算收入	900 000
——项目支出	1 150 000	其中：项目经费	220 000
其中：财政拨款支出	750 000	非同级财政拨款预算收入（A 项目）	200 000
非财政专项资金支出	400 000	上级补助预算收入	100 000
上缴上级支出	50 000	附属单位上缴预算收入	40 000
对附属单位补助支出	80 000	其他预算收入	60 000
其他支出	260 000	其中：利息预算收入	10 000
经营支出	810 000	经营预算收入	900 000

要求：根据上述资料：

（1）编制年终转账预算会计分录；

（2）将结余进行分配，经营结余按规定缴纳所得税，职工福利基金按 20% 提取。

第七章

单位会计报表

单项选择题

1. 下列各项属于行政事业单位财务会计报表的是（　　）。

A. 预算收入支出表　　B. 预算结转结余变动表

C. 净资产变动表　　D. 财政拨款预算收入支出表

2. 凡属本年度的应拨应交款项，应当在（　　）前汇达对方。

A. 12 月 20 日　　B. 12 月 25 日

C. 12 月 31 日　　D. 1 月 1 日

3. 资产负债表是总括反映会计主体在特定日期（　　）的会计报表。

A. 财务状况　　B. 收入支出情况

C. 结余情况　　D. 结余分配情况

4. 行政事业单位编制资产负债表的理论依据是（　　）。

A. 资产 = 负债 + 所有者权益　　B. 资产 = 负债 + 净资产

C. 资产 + 支出 = 负债 + 收入 + 净资产　　D. 旧管 + 新收 = 开出 + 实在

5. 资产负债表的“期末余额”，一般是根据报告期有关账户的（　　）填列。

A. 期初余额　　B. 期末余额

C. 本期借方发生额　　D. 本期贷方发生额

6. 预算会计报表的编制主要以（　　）为基础。

A. 收付实现制　　B. 权责发生制

C. 收付实现制兼权责发生制　　D. 上述说法都不对

7. 反映行政事业单位在某一会计年度内各项预算收入、预算支出和预算收支差额情况的报表，称为（　　）。

A. 资产负债表
B. 收入费用表
C. 预算收入支出表
D. 预算结转结余变动表

8. 下列各会计报表需要在月末和年末编报的是（　　）。

A. 收入费用表
B. 预算收入支出表
C. 预算结转结余变动表
D. 财政拨款预算收入支出表

多项选择题

1. 行政事业单位会计报表是反映单位在一定时期（　　）的总结性书面文件。

A. 财务状况
B. 管理状况
C. 收支状况
D. 预算收支状况及结果

2. 行政事业单位会计报表按编报内容分为（　　）。

A. 财务报表
B. 预算会计报表
C. 本级报表
D. 汇总报表

3. 按编报时间，行政事业单位会计报表分为（　　）。

A. 旬报
B. 月报
C. 季报
D. 年报

4. 事业单位年终结账包括（　　）。

A. 年终转账
B. 结清旧账
C. 记入新账
D. 年终结算

5. 年终转账后，一般没有余额的账户有（　　）。

A. 资产类账户
B. 负债类账户
C. 收入类账户
D. 支出类账户

6. 资产负债表内的“货币资金”项目，应当根据（　　）账户的期末余额的合计数填列。

A. “库存现金”
B. “银行存款”
C. “零余额账户用款额度”
D. “其他货币资金”

7. 收入费用表是反映行政事业单位在某一会计期间内发生的（　　）情况的报表。

A. 收入
B. 支出
C. 费用
D. 当期盈余

8. 下列属于行政事业单位会计报表附注的内容有（　　）。

A. 会计报表编制基础
B. 重要会计政策和会计估计
C. 会计报表重要项目说明
D. 本年盈余与预算结余的差异情况说明

判断改错题

1. 财务报告的目标是向决算报告使用者提供与政府预算执行情况有关的信息。（　　）

2. 单位财务报表的编制主要以权责发生制为基础，以预算会计核算生成的数据为准。（　　）

3. 年度单位支出决算，一律以基层单位截至 12 月 31 日的本年实际支出数为准，不得将年终前预拨下年度的预算拨款列入本年的支出。（　　）

4. 资产负债表是行政事业单位最基本、最主要的报表，应于月末、年末编制报出，属于动态会计报表。（　　）

5. 在编制收入费用表时，各项收入和费用数根据本期发生额填列。（　　）

6. 附注是预算会计报表的重要组成部分。（　　）

7. 会计报表的审查一般包括政策性审查和技术性审查两方面。（　　）

8. 上级单位在编制汇总会计报表时，应将相同项目的金额加计总数后填列，但上下级之间对应的上缴、下拨数应对冲，即上级单位的“对附属单位补助支出”“附属单位上缴预算收入”等科目的数字与下级单位的“上级补助预算收入”“上缴上级支出”等科目的数字对冲，以免重复计算。（　　）

简答题

1. 行政事业单位编报会计报表有何作用？

2. 行政事业单位年终清理的事项有哪些？

3. 行政事业单位年终结账包括哪几个环节？

4. 什么是会计报表附注？单位会计报表附注主要包括哪些内容？

业务题

1. 资料：

某事业单位××年年末有关账户余额如表 7－1 所示，收入和费用账户本年发生额如表 7－2 所示。

表 7－1　　　　　　　　　　　　账 户 余 额 表

科目名称	12 月末余额	科目名称	12 月末余额
库存现金	500	短期借款	10 900
银行存款	78 000	其他应交税费	1 800
财政应返还额度	120 000	应付账款	85 000
短期投资	100 000	应付票据	42 000
应收票据	80 000	预收账款	6 300
应收账款	10 000	其他应付款	2 000
预付账款	40 000	长期借款	244 800
其他应收款	7 000	长期应付款	102 000
坏账准备	－850	负债小计	494 800
在途物品	24 000		
库存物品	109 500	累计盈余	360 000
长期债券投资	81 950	专用基金	87 000
固定资产	254 900	无偿调拨净资产	20 000
固定资产累计折旧	－34 900	本期盈余	126 700
在建工程	95 000	净资产小计	593 700
无形资产	102 100		
无形资产累计摊销	－2 100		
研发支出	23 400		
资产小计			
资产合计	1 088 500	负债和净资产合计	1 088 500

表 7－2 收入和费用账户本年发生额

账户	借方发生额		账户	贷方发生额	
	12 月	11 月累计		12 月	11 月累计
业务活动费用	76 000	838 800	财政拨款收入——基本支出	60 000	660 000
单位管理费用	37 000	428 050	——项目支出	30 000	370 000
资产处置费用	5 750	63 250	事业收入	47 500	402 500
上缴上级费用	10 000	90 000	非同级财政拨款收入	3 000	17 000
对附属单位补助费用	6 500	68 500	上级补助收入	20 000	30 000
所得税费用	18 950		附属单位上缴收入	5 800	64 200
其他费用	11 600	118 400	经营收入	75 000	878 000
经营费用	73 100	804 100	投资收益	500	1 500
			捐赠收入	10 000	20 000
			利息收入	800	
			租金收入	4 000	48 000
			其他收入	2 400	26 500
费用合计	238 900	2 411 100	收入合计	259 000	2 517 700

补充资料：（1）假设预算会计计算提取职工福利基金数额为 2.5 万元；

（2）假设没有调整项目金额发生。

2. 要求：

（1）根据以上资料编制年终转账会计分录；

（2）编制年末资产负债表；

（3）编制收入费用表；

（4）编制净资产变动表。

表 7－3 资产负债表 会政财 01 表

编制单位： ×× 年 12 月 31 日 单位：元

资产	期末余额	年初余额	负债和净资产	期末余额	年初余额
流动资产：		略	流动负债：		略
货币资金			短期借款		
短期投资			应交增值税		
财政应返还额度			其他应交税费		
应收票据			应缴财政款		
应收账款净额			应付职工薪酬		
预付账款			应付票据		
应收股利			应付账款		
应收利息			应付政府补贴款		
其他应收款净额			应付利息		
存货			预收账款		

续表

资产	期末余额	年初余额	负债和净资产	期末余额	年初余额
待摊费用			其他应付款		
一年内到期的非流动资产			预提费用		
其他流动资产			一年内到期的非流动负债		
流动资产合计			其他流动负债		
非流动资产：			流动负债合计		
长期股权投资			非流动负债：		
长期债券投资			长期借款		
固定资产原值			长期应付款		
减：固定资产累计折旧			预计负债		
固定资产净值			其他非流动负债		
工程物资			非流动负债合计		
在建工程			受托代理负债		
无形资产原值			负债合计		
减：无形资产累计摊销					
无形资产净值					
研发支出					
公共基础设施原值					
减：公共基础设施累计折旧（摊销）					
公共基础设施净值					
政府储备物资					
文物文化资产					
保障性住房原值					
减：保障性住房累计折旧			净资产：		
保障性住房净值			累计盈余		
长期待摊费用			专用基金		
待处理财产损溢			权益法调整		
其他非流动资产			无偿调拨净资产*		
非流动资产合计			本期盈余*		
受托代理资产			净资产合计		
资产总计			负债和净资产总计		

注："*"标识项目为月报项目，年报中不需列示。

表 7－4　　**收入费用表**　　会政财 02 表

编制单位：　　××年　　单位：元

项目	本月数	本年累计数
一、本期收入		略
（一）财政拨款收入		
其中：政府性基金收入		
（二）事业收入		
（三）上级补助收入		
（四）附属单位上缴收入		
（五）经营收入		
（六）非同级财政拨款收入		
（七）投资收益		
（八）捐赠收入		
（九）利息收入		
（十）租金收入		
（十一）其他收入		
二、本期费用		
（一）业务活动费用		
（二）单位管理费用		
（三）经营费用		
（四）资产处置费用		
（五）上缴上级费用		
（六）对附属单位补助费用		
（七）所得税费用		
（八）其他费用		
三、本期盈余		

表 7－5　　**净资产变动表**

编制单位：　　××年

项目	本年数				上年数			
	累计盈余	专用基金	权益法调整	净资产合计	累计盈余	专用基金	权益法调整	净资产合计
一、上年年末余额								
二、以前年度盈余调整（减少以“－”号填列）			—			—	—	
三、本年年初余额								
四、本年变动金额（减少以“－”号填列）								
（一）本年盈余			—			—	—	
（二）无偿调拨净资产			—			—	—	
（三）归集调整预算结转结余			—			—	—	
（四）提取或设置专用基金			—				—	
其中：从预算收入中提取			—		—		—	
从预算结余中提取			—				—	
设置的专用基金			—		—		—	
（五）使用专用基金			—				—	
（六）权益法调整					—	—		
五、本年年末余额								

说明：“—”标识单元格不需填列。

第八章

财政总预算资产和负债的核算

单项选择题

1. 下列（　　）不是财政总预算会计资产类的会计科目。
   A. 国库存款　　B. 现金
   C. 有价证券　　D. 在途款
2. 下级财政部门向上级财政部门借入临时周转使用的款项通过（　　）账户进行核算。
   A. “借入款”　　B. “暂存款”
   C. “与上级往来”　　D. “补助收入”
3. 中央财政向社会发行国债通过（　　）科目进行核算。
   A. “借入款项”　　B. “待发国债”
   C. “与下级往来”　　D. “有价证券”
4. 下列（　　）属于政府财政总预算会计使用的会计科目。
   A. 现金　　B. 银行存款
   C. 国库存款　　D. 材料
5. “与下级往来”科目是用来核算（　　）。
   A. 上级财政借给下级财政的款项　　B. 下级财政借给上级财政的款项
   C. 财政借给所属单位的款项　　D. 财政向所属预算单位借的款项
6. “其他应付款”科目是核算财政部门与（　　）之间发生的应付暂存款项。
   A. 预算单位　　B. 上级财政部门
   C. 下级财政部门　　D. 银行
7. 核算各级财政未列入国库的各项财政性存款的增减变化情况设置的账户是（　　）。
   A. “银行存款”　　B. “国库存款”

C.“其他财政存款”　　D.“财政零余额账户存款”

8. 财政部门用库款结余转存到商业银行。其账务处理是（　　）。

A. 借：其他财政存款
　　贷：国库存款

B. 借：国库存款
　　贷：其他财政存款

C. 借：国库现金管理存款
　　贷：国库存款

D. 借：国库现金管理存款
　　贷：其他财政存款

9.“与上级往来”属于负债类账户，其余额在（　　）。

A. 借方　　B. 贷方

C. 可能借方也可能贷方　　D. 无法判断

10. 财政国库支付执行机构会计属于（　　）范畴。

A. 行政单位会计　　B. 事业单位会计

C. 财政总预算会计　　D. 企业会计

11. 下列（　　）属于政府财政总预算会计资产类科目。

A.“与上级往来”　　B.“与下级往来”

C.“借入款项”　　D.“已结报支出”

12. 下列（　　）属于流动性负债。

A. 应付国库集中支付结余　　B. 应付代管资金

C. 应付地方政府债券转贷款　　D. 借入款项

13. 某市财政因资金困难，向省财政借款。其账务处理是（　　）。

A. 借：其他财政存款
　　贷：与上级往来

B. 借：国库存款
　　贷：与上级往来

C. 借：国库现金管理存款
　　贷：与上级往来

D. 借：国库存款
　　贷：其他应付款

14. 某市财政国库收到性质不明款项。其账务处理是（　　）。

A. 借：其他财政存款
　　贷：其他应付款

B. 借：国库存款
　　贷：其他应付款

C. 借：国库现金管理存款
　　贷：其他应付款

D. 借：国库存款
　　贷：一般公共预算本级收入

15. 某市财政收到××单位托管的资金。其账务处理是（　　）。

A. 借：其他财政存款
　　贷：其他应付款

B. 借：国库存款
　　贷：应付代管资金

C. 借：国库现金管理存款
　　贷：应付代管资金

D. 借：其他财政存款
　　贷：应付代管资金

16. 下列（　　）业务通过“借出款项”科目核算。

A. 财政机关借给所属预算单位临时急需的款项

B. 财政机关借给下级财政部门临时急需的款项

C. 财政机关借给上级财政部门临时急需的款项

D. 财政机关与单位的其他应收暂付款项

17. 下列（　　）业务通过“其他应收款”科目核算。

A. 财政机关借给所属预算单位临时急需的款项

B. 财政机关借给下级财政部门临时急需的款项

C. 财政机关借给上级财政部门临时急需的款项

D. 财政机关与单位的其他应收暂付款项

多项选择题

1. 财政性存款包括（　　）。

A. 在途款　　B. 国库存款

C. 其他财政存款　　D. 财政零余额账户存款

2. 国库存款是核算政府财政存放在国库单一账户的款项。包括（　　）。

A. 一般公共预算资金存款　　B. 政府性基金预算资金存款

C. 国有资本经营预算资金存款　　D. 国库现金管理存款

3. 财政资产包括（　　）。

A. 财政性存款　　B. 有价证券

C. 暂付及应收款项　　D. 财政拨款

4. 下列（　　）属于财政总预算会计资产类会计科目。

A. 其他应收款　　B. 其他应付款

C. 与上级往来　　D. 与下级往来

5. 下列（　　）在“其他财政存款”科目核算。

A. 未设国库的乡（镇）财政在专业银行的预算资金存款

B. 财政部指定存入专业银行的专用基金存款

C. 各级财政部门一般公共预算资金存款

D. 各级财政部门政府性基金预算资金存款

6. 各级财政可以购买的有价证券有（　　）。

A. 股票　　B. 国库券

C. 特种国债　　D. 企业债券

7. 下列（　　）属于财政总预算会计负债类科目。

A. 与上级往来　　B. 与下级往来

C. 借入款项　　D. 已结报支出

8. 股权投资是指政府持有的各类股权投资资产，包括（　　）。

A. 国际金融组织股权投资　　B. 投资基金股权投资

C. 企业股权投资　　D. 债券投资

9. “借入款项”是指政府财政部门以政府的名义向（　　）等借入的款项。

A. 外国公司　　B. 外国个人

C. 外国政府　　D. 国际金融组织

判断改错题

1. 财政性存款是政府财政部门代表政府所掌管的财政资金。 （　　）

2. 财政的各种国库存款，只能在存款余额内支取，银行不得透支垫付。 （　　）

3. 总预算会计的各种会计凭证只能用于转账结算，不得提取现金。 （　　）

4. “应付国库集中支付结余”是核算政府财政采用收付实现制列支，预算单位尚未使用的国库集中支付结余资金。 （　　）

5. 各级财政可以用取得的预算收入购买有价证券。 （　　）

6. “财政零余额账户存款”是用来核算财政国库支付执行机构在代理银行办理财政直接支付的业务。 （　　）

7. 一般公共预算资金在“国库存款”科目核算，政府性基金预算资金在“其他财政存款”科目核算。 （　　）

8. 各级财政只能用预算结余购买各种有价证券。 （　　）

9. “在途款”是用于核算决算清理期和库款报解整理期内发生的上下年度收入、支出业务及需要通过该账户过渡处理的资金。 （　　）

10. “与下级往来”是资产类账户，因此余额只能在借方，不会出现贷方余额。（　　）

简答题

1. 国库现金管理的含义。

2. 什么是财政零余额账户存款？

3. 什么是在途款？

4. “其他应付款”“借入款项”和“与上级往来”科目核算内容有什么不同？

业务题

某市财政局某年某月发生部分经济业务如下，据以编制会计分录。

1. 3 日，市卫生局向国外订购的医疗卫生设备集中到货，向市财政紧急借款 18 万元。

2. 5 日，收到市税务局交来性质不明的预算缴款 5 万元。

3. 5 日，借给所属甲县财政局临时用款 31 万元。

4. 10 日，收到市卫生局归还前借款 12 万元。

5. 16 日，收到甲县财政局归还借款 20 万元，余款转作对该县的预算补助。

6. 18 日，将市卫生局借款余额 6 万元，转作当月卫生事业费。

7. 19 日，收到市税务局送来“更正通知书”，列明 5 日收到的性质不明款项为罚没收入，其中 1 万元为多收的罚没款，予以退回。

8. 20 日，向上级财政借入急需用款 40 万元。

9. 22 日，收到上级财政通知，20 日向上级财政借款中 30 万元转作对本级的预算补助款，其余借款当日归还。

10. 25 日，根据批准的文件，年终预拨 100 万元给市科委，作为下年度的科研经费。

11. 25 日，根据库款结余情况，将 5 000 万元转存到商业银行，期限 10 个月。

12. 26 日，年初国库现金管理存款 400 万元到期，收回国库，取得利息收入 100 万元。

13. 26 日，收到天使投资基金托管资金 60 万元，存入财政专户。

14. 26 日，预拨市直属单位下月经费 20 万元。

第九章

财政总预算收入、支出和净资产的核算

单项选择题

1. 我国的国家金库实行代理金库制，由（　　）代理。

A. 中国人民银行　　B. 中国工商银行

C. 中国农业银行　　D. 中国建设银行

2. 预算收入一律以缴入（　　）的数额为准。

A. 国库经收处　　B. 支库

C. 中心支库　　D. 分库

3. 核算专用基金使用情况应设置的账户是（　　）。

A. 一般预算支出　　B. 基金预算支出

C. 专用基金支出　　D. 调出资金

4. 政府财政按照国家法律、国务院规定发行债券等方式取得的，以及向外国政府、国际金融组织等机构借款取得的纳入预算管理的收入，通过（　　）账户进行核算。

A. “债务收入”　　B. “一般公共预算本级收入”

C. “政府性基金预算本级收入”　　D. “借入款”

5. 预算稳定调节基金是指政府财政安排用于弥补（　　）预算资金不足的储备资金。

A. 以前年度　　B. 预算年度

C. 以后年度　　D. 所有年度

6. 省级以下财政部门收到来自上级财政部门转贷的债务收入通过（　　）科目核算。

A. “债务收入”　　B. “债务转贷收入”

C. “借入款”　　D. “暂存款”

7. 为了平衡一般公共预算本级支出，经批准从（　　）调入的资金，通过“调入资金”账户核算。

A. 政府性基金预算结转结余　　B. 上级财政部门

C. 下级财政部门　　D. 预算单位

8. 各级地方政府应承担的债务利息应通过（　　）账户核算。

A. “债务还本支出”　　B. “债务转贷支出”

C. “一般公共预算本级支出”　　D. “政府性基金预算本级支出”

9. 财政授权支付，是预算单位根据财政授权，由（　　）开具支付令，通过国库单一账户体系，将资金支付到收款人账户的支付方式。

A. 财政部门　　B. 预算单位

C. 国库　　D. 收款人

10. “债务收入”属于（　　）使用的会计科目。

A. 中央级政府财政　　B. 省级（含）以上政府财政

C. 省（不含）级以下政府财政　　D. 各级政府财政

多项选择题

1. 一般公共预算本级收入是指政府财政筹集的纳入本级一般公共预算管理的（　　）。

A. 税收收入　　B. 非税收入

C. 债务转贷收入　　D. 债务收入

2. 国家金库是国家预算资金唯一的收纳、划分和报解的专门机构，国库分为（　　）。

A. 总库　　B. 分库

C. 中心支库　　D. 支库

3. 资产基金是指政府财政持有的债权和股权投资等资产在净资产中占有的金额。包括（　　）。

A. 应收地方政府债券转贷款　　B. 应收股利

C. 应收主权外债转贷款　　D. 股权投资

4. 待偿债净资产是指政府财政承担（　　）等负债而相应需在净资产中冲减的金额。

A. 应付短期政府债券　　B. 应付主权外债转贷款

C. 借入款项　　D. 应付地方政府债券转贷款

5. 财政净资产是指资产减去负债的差额。包括（　　）。

A. 一般公共预算结转结余　　B. 政府性基金预算结转结余

C. 专用基金结余　　D. 国有资本经营预算结转结余

6. 预算稳定调节基金的来源有（　　）。

A. 预算周转金调入　　B. 政府性基金预算结余补充

C. 预算年度超收收入补充　　D. 一般公共预算结余补充

7. 转移性收入是指在各级政府财政之间进行资金调拨以及在本级政府财政不同类型资金之间调剂所形成的收入。包括（　　）。

A. 地区间援助收入　　B. 补助收入

C. 上解收入　　D. 调入资金

8. 预算周转金是指政府财政为调剂预算年度内季节性收支差额，保证及时用款而设置的库款周转资金。其来源有（　　）。

A. 从年度一般公共预算结转结余中提取

B. 从年度政府性基金预算结转结余中提取

C. 从年度专用基金结余中提取

D. 上级财政部门拨入

9. 补助收入是指上级政府财政按照财政体制规定或有因专项需要补助给本级政府财政的款项。包括（　　）。

A. 专用基金收入　　B. 调入资金

C. 税收返还　　D. 转移支付

10. 调出资金是指政府财政为了平衡预算收支，从某类资金向其他类型预算调出的资金。包括（　　）。

A. 一般公共预算调出资金　　B. 政府性基金预算调出资金

C. 国有资本经营预算调出资金　　D. 专用基金调出资金

判断改错题

1. 缴款书是国库办理预算收入收纳的唯一合法原始凭证。（　　）

2. 政府性基金预算收入就是专用基金收入。（　　）

3. 凡是缴入国库的预算收入，即为国家预算资金，除同级财政机关外，任何单位和个人都无权动用，也不能办理退库。（　　）

4. 债务收入是国家以信用的方式取得财政收入的一种形式。（　　）

5. 在我国，地方政府不得发行地方政府债券。（　　）

6. 专用基金是财政部门按规定设置或取得的有指定用途、必须专款专用的各项基金。（　　）

7. “债务收入”是用来核算地方各级财政部门发行地方政府债券收到的发行收入。（　　）

8. 转移性收支是指财政部门与预算单位之间按照法定标准进行的财政资金的相互转移。（　　）

9. “债务还本支出”是用于核算本级政府财政承担的纳入预算管理的债务本息支出。（　　）

10. 预算周转金是政府财政设置的用于弥补以后年度预算资金不足的储备资金。（　　）

简答题

1. 政府财政总预算会计核算的收入包括哪些内容？

2. 简述一般公共预算本级收入的核算。

3. 转移性收入包括哪些内容？

4. 政府财政总预算会计核算的支出包括哪些内容？

5. 政府财政总预算会计核算的净资产包括哪些内容？

业务题

某市财政局某年某月发生部分经济业务如下，要求编制会计分录。

1. 收到国库报来预算收入日报表列示：市属国有企业所得税 100 万元，各项税收附加 20 万元。

2. 收到国库报来预算收入日报表列示：当日各种政府性基金60万元，各项行政事业性收费收入20万元。

3. 收到省财政拨来政府性基金预算补助20万元。

4. 收到所属甲县上解款10万元。

5. 根据财政国库支付执行机构报来的“预算支出结算清单”，其中，财政直接支付应结算资金数为85万元。与中国人民银行国库划款凭证核对无误。

6. 根据代理银行汇总的预算单位零余额账户授权支付数，其中，以一般预算安排的授权支付支出9万元，以基金预算安排的授权支出3万元，已与中国人民银行国库汇总划款凭证及财政国库支付执行机构汇总的“预算支出结算清单”核对无误。

7. 拨付所属某县税收返还款60万元。

8. 按体制规定上解省财政款项26万元。

9. 经批准，从地方税费附加收入中调入60万元用于平衡一般公共预算收支。

10. 预算安排粮食风险基金 102 万元。

11. 年末，按照权责发生制列支一般公共预算本级支出，并形成 1 000 万元的国库集中支付结余。

12. 收到 × × 省政府财政转来的援助资金 1 亿元，存入国库。

13. 依据一般公共预算结转结余的情况，补充预算稳定调节基金 150 万元，用于弥补以后年度预算资金的不足。

14. 依据资金使用情况，将预算周转金 17 万元调入预算稳定调节基金。

15. 调用预算稳定调节基金 650 万元，用于弥补本年度预算收支缺口。

第十章

财政总预算会计报表

单项选择题

1. 年度终了后，按照国库制度规定，支库应设置（　　）的库款报解整理期。

A. 3 天　　B. 5 天

C. 10 天　　D. 15 天

2. 为了便于年终清理，本年预算调整和对下转移支付，一般截至（　　）为止。

A. 10 月底　　B. 11 月底

C. 12 月 25 日　　D. 12 月底

3. 年终，下列（　　）账户应全额转入一般公共预算结转结余账户贷方。

A. “一般公共预算本级收入”　　B. “政府性基金预算本级收入”

C. “一般公共预算本级支出”　　D. “政府性基金预算本级支出”

4. 财政总预算会计应当按（　　）进行会计结账。

A. 旬　　B. 月

C. 季　　D. 年

5. （　　）是反映政府财政在某一特定日期财务状况的报表。

A. 资产负债表　　B. 收入支出表

C. 一般公共预算执行情况表　　D. 财政专户管理资金收支情况表

多项选择题

1. 财政总预算会计报表按报送时间分为（　　）。

A. 旬报

B. 月报

C. 季报

D. 年报

2. 财政年报编制的步骤包括（　　）。

A. 年终清理

B. 年终结算

C. 年终转账

D. 年终结账

3. 年终结账包括（　　）几个环节。

A. 年终转账

B. 年终结算

C. 结清旧账

D. 记入新账

4. 政府财政总预算会计报表包括（　　）等。

A. 资产负债表

B. 收入支出表

C. 一般公共预算执行情况表

D. 财政专户管理资金收支情况表

5. 政府财政总预算会计资产负债表要填制（　　）。

A. 年初数

B. 期末数

C. 本月数

D. 累计数

6. 预算执行情况表要填制（　　）。

A. 年初数

B. 期末数

C. 本月数

D. 累计数

7. 年终清理包括（　　）等内容。

A. 核对年度预算收支数字

B. 清理各项预算往来款项

C. 清理本年预算收支

D. 组织征收机关和国库进行年终对账

判断改错题

1. 财政总预算会计报表，是各级预算收支执行情况及其结果的定期书面报告，也是编制下年度财政预算的基础。（　　）

2. 财政总预算会计应当根据制度编制并提供真实、完整的会计报表，切实做到账表一致，不得估列代编，弄虚作假。（　　）

3. 旬报是反映月初至本旬止的预算收支执行主要情况的报表，每月上、中、下旬各报一次。（　　）

4. 上级财政总会计在编制汇总报表时，应将上下级之间有关对应科目的数字予以冲销，以免数字重列。（　　）

5. 财政总预算会计年报就是各级政府财政总决算。（　　）

6. 资产负债表中的“年初数”根据上年末资产负债表中有关项目的“期末数”填列。（　　）

7. “收入支出表”中的“本月数”反映各项目的本月实际发生数。（　　）

8. 年终结算是各级财政在年终清理的基础上，结清上下级财政财政的转移支付收支和往来款项。（　　）

简答题

1. 什么是年终清理？它主要包括哪些事项？

2. 简述财政总预算会计年终转账的账务处理。

业务题

某市财政局某年年终转账前各收支账户余额如表 10－1（单位：元）。

要求：按规定办理年终转账。

表 10－1

科目名称	金额	科目名称	金额
一般公共预算本级收入	35 326 205 000	一般公共预算本级支出	36 043 250 000
政府性基金预算本级收入	2 994 333 000	政府性基金预算本级支出	2 936 752 000
国有资本经营预算本级收入	3 256 810 000	国有资本经营预算本级支出	3 253 661 000
财政专户管理资金收入	215 300 000	财政专户管理资金支出	195 630 000
专用基金收入	600 000 000	专用基金支出	600 000 000
补助收入	32 500 000	补助支出	21 600 000
一般公共预算补助收入	32 500 000	一般公共预算补助支出	16 240 000
政府性基金预算补助收入		政府性基金预算补助支出	5 360 000
上解收入	147 000 000	上解支出	100 430 000
一般公共预算上解收入	100 000 000	一般公共预算上解支出	74 430 000
政府性基金预算上解收入	47 000 000	政府性基金预算上解支出	26 000 000
地区间援助收入		地区间援助支出	150 000 000
调入资金	64 940 000	调出资金	64 940 000
一般公共预算调入资金	64 940 000	一般公共预算调出资金	
政府性基金预算调入资金		政府性基金预算调出资金	64 940 000

续表

科 目 名 称	金 额	科 目 名 称	金 额
		国有资本经营预算调出资金	
动用预算稳定调节基金		安排预算稳定调节基金	23 000 000
债务收入	5 500 000 000	债务还本支出	6 000 000 000
一般债务收入	3 500 000 000	一般债务还本支出	3 000 000 000
专项债务收入	2 000 000 000	专项债务还本支出	3 000 000 000
债务转贷收入	1 300 000 000	债务转贷支出	34 400 000
一般债务转贷收入		地方政府一般债务转贷支出	34 400 000
专项债务转贷收入	1 300 000 000	地方政府专项债务转贷支出	
合 计	49 437 088 000	合 计	49 423 663 000